希望收购中心

余融彬 任沛希 著

海峡出版发行集团
海峡文艺出版社

图书在版编目(CIP)数据

希望收购中心/余融彬,任沛希著. —福州:海峡
文艺出版社,2019.11(2024.3重印)
ISBN 978-7-5550-2047-9

Ⅰ.①希… Ⅱ.①余… ②任… Ⅲ.①阅读课
—小学—课外读物 Ⅳ.①G624.233

中国版本图书馆 CIP 数据核字(2019)第 239728 号

希望收购中心

余融彬 任沛希 著
出 版 人 林 滨
责任编辑 林可莘
出版发行 海峡文艺出版社
经 销 福建新华发行(集团)有限责任公司
社 址 福州市东水路 76 号 14 层
发 行 部 0591—87536797
印 刷 三河市兴博印务有限公司
厂 址 河北省廊坊市三河市杨庄镇大窝头村西
开 本 787 毫米×1092 毫米 1/16
字 数 120 千字
印 张 11.5
版 次 2019 年 11 月第 1 版
印 次 2024 年 3 月第 4 次印刷
书 号 ISBN 978-7-5550-2047-9
定 价 58.00 元

目 录
contents

希望收购中心

　　快乐小学门口新开了一家小店，店名十分古怪，叫"希望收购中心"。乐天派看见了，好奇地走了进去。

　　一个白胡子的老爷爷走了出来："同学，你来卖希望吗？""希望也可以出售吗？"乐天派觉得不可思议。老爷爷说："当然了，一个希望值100元！"乐天派听完，心里飞快地计算了起来：自己梦寐以求的玩具赛车300元，只要卖出三个希望就可以买到玩具赛车了！想到这里，乐天派不假思索地说："老爷爷，我卖三个！""好呀好呀！"老爷爷慈祥地笑了。他领着乐天派来到一架深蓝色的机器前，说："对着它大声喊出你想出售的希望吧！"

　　乐天派正要说出希望的一刹那，脑海里忽然闪过一个念头："我卖了希望，自己不就没有希望了吗？"不过，他很快又自我安慰道："没事，我还小，以后还有很多希望！"于是他对着机器大声喊道："我卖'学习进步'，我卖'身体健康'，我卖'成为科学家'。"说完，老爷爷便将三张百元大钞塞进乐天派的手里。哇，原来挣钱这么容易！乐天派偷笑着想。

乐天派飞快地跑到班上，兴奋地大喊："发财啦！发财啦！"同学们疑惑地看着乐天派。乐天派小声地告诉大家："大家可以到学校门口的'希望收购中心'出售希望换钱！你们看，我卖了三个希望，就挣了 300 元呢！"说着，他得意地展开三张百元大钞。

　　乐天派说完以后，同学们都在心里思考着自己能卖什么希望，好换点钱来买零食和玩具。"丁零零——"放学铃声响起，许多同学都冲向了"希望收购中心"。快捷键出售了"上进心"，热带鱼出售了"乐观"，小蚊子出售了"友情"……深蓝色的机器不停地运转着，老爷爷只是在一旁慈祥地看着同学们。

幸福的日子没过几天，班上却发生了许多蹊跷的事：卖了"上进心"的快捷键，上课提不起精神，做作业没心思；卖了"乐观"的热带鱼，考试考了 99.5 分却哭成了泪人儿，天天唉声叹气；卖了"友情"的小蚊子，天天跟同学吵架……

乐天派怎么样了呢？他卖了"学习进步"的希望，成绩开始一落千丈；他卖了"身体健康"的希望，不时就会感冒；他卖了能"成为科学家"的希望，原本爱思考的他现在却不喜欢动脑筋了……那些卖了自己希望的同学，也都个个精神不振、情绪低落，迷失了前进的方向。

　　这时候，大家猛然想起了"希望收购中心"。可是当乐天派和同学们去找那家店时，老爷爷不见了，只见店门口贴了一张告示，上面写着：人是为了希望而活着的，有希望才有未来！同学们顿时明白过来，原来，老爷爷是想告诉他们：珍惜希望。

小链接：希望是什么

1. 希望便是快乐。——冰心

2. 人生活在希望之中。——莫泊桑

3. 对于一切事物，希望总比绝望好。——歌德

4. 希望是坚强的勇气，是新生的意志。——马丁·路德

5. 希望是生命的源泉，失去它生命就会枯萎。——富兰克林

6. 假如生活欺骗了你，不要忧郁，也不要愤慨！相信吧，快乐的日子就会到来。——普希金

7. 只有希望才让未来发出光芒。——雨果

8. 我的希望是想确定因为我生活在这个世界上，才使这个世界变得好了一些。——林肯

小错也别犯

　　近日，班主任林老师为了传播正能量，特意制作了一面精美的照片墙，将表现优异的同学的照片贴在上面，以示鼓励。快捷键因为体育成绩优异，照片也出现在了墙上，他因此乐不可支。可是，第二天一大早，他走进教室却吃惊地发现，照片墙上的很多照片不知被哪个调皮鬼"恶搞"得面目全非……

　　快捷键赶紧找自己的照片，还好，因为他的照片贴的位置比较高，所以完好无损。同学们议论纷纷，开始讨论起照片的"惨状"："哈哈，班长头发没了！""哈哈，长跑冠军的腿被截肢了！"……同学们嘻嘻哈哈，似乎不觉得这是一件影响很坏的事情。

真有趣，看我的！

下午，快捷键早早地到了班级，看着眼前这些面目全非的照片，快捷键的手也痒痒起来，他想：这些照片看上去还挺滑稽的，趁着现在没人，我也来试试吧。于是，他竟然鬼使神差地将手伸向了照片墙，涂了起来……

上课时，林老师见状非常生气，随后她心平气和地告诉同学们："这样做是对他人的不尊重，也破坏了班级的美观，这样的恶作剧做不得……"听后，同学们都认识到了错误，大家表示要重新布置照片墙，并且要好好地向照片上的同学学习。林老师欣慰地笑了。

同学们，再小的事情，如果是错的，我们也不能去做。

我只觉得好玩，不知道这样伤害了同学，我错了。

我以为自己不参与就没错了。以后我不但要约束自己，还要提醒同学！

小错误做多了，就会犯大错误的。

小链接：名言警句要记住

1. 勿以恶小而为之，勿以善小而不为。

这是刘备临终前留给刘禅的话，劝勉他要进德修业，有所作为。好事要从小事做起，积小成大，才可成大事；坏事也要从小事开始防范，否则积少成多，也会坏大事。

2. 己所不欲，勿施于人。

这句出自《论语》，是指自己不愿意承受的事情，别人也不会愿意承受，因此不要把它强加于别人。人与人相处应当相互尊重、理解、体谅，这样才会融洽。

3. 祸患常积于忽微，智勇多困于所溺。

此句是北宋文学家欧阳修在总结历史教训时指出的，意思是，祸患的发生常常是由于一些小的失误积累而成的，智慧而又勇敢的人常常被自己所过于喜好的事物所蒙蔽，以致铸成大错。

春游

　　春天到了，学校要组织同学们外出春游。"快乐组合"的小伙伴们别提多开心了，放学路上，他们你一言我一语地商量该建议老师去哪儿游玩。"去公园，我要看桃花朵朵开。""去电动游乐场，我要坐海盗船。""去野外，我要吃烧烤。"……

第二天班会课上，老师询问大家春游的地点。乐天派说："我建议去野生动物园看老虎！"乐天派话音刚落，大家纷纷提出反对意见："去野生动物园看老虎？你真是吃了豹子胆呀！""就是，你没听说今年年初，宁波野生动物园的老虎咬死了一个游客，太吓人了！"

14

原来如此！

原来是他们自己不守规定。

责任完全在游客呀！

乐天派反驳说："那以后动物园都不能去了吗？"为了弄明白老虎为什么伤人，"快乐组合"的小伙伴们来到资料室查询资料。他们发现，老虎伤人主要是游客不遵守游览规定所致：宁波野生动物园被老虎袭击的那位游客，是为逃票私自翻墙入园的。

回到教室，小蚊子若有所思地说："原来可怕的不是老虎，而是游客不遵守安全规定。"乐天派说："我们不但在参观野生动物园的时候要严格遵守各项安全规定，在生活的各个方面也要自觉遵守有关规定。"快捷键兴奋地说："那咱们就放心地去参观野生动物园吧！"

我们去参观野生动物园吧！

原来老虎并不可怕！

咱们今后参加任何活动都要自觉遵守规定！

可怕的是有人不遵守安全规定。

小链接：春游安全小知识

春天到了，同学们日夜期盼的春游活动也要开始啦！不管去哪里春游，同学们都要遵守有关安全规定，让自己的春游之行更平安、更快乐。

1. 食品、饮用水等春游用品应该用背包或书包装好，东西要背着，让双手活动自如，有利于安全。

2. 要穿运动鞋或旅游鞋，行走方便，不易摔倒。

3. 活动中不要单独行动，应结伴而行，防止意外发生。

4. 在野外春游要记住：不要采摘、食用野菜和野果等，以免发生食物中毒。

5. 在动物园或公园春游要记住：看表演要守纪律，观看动物时不逗玩动物、不靠近猛兽。

6. 不要到水边玩耍游戏，严禁下水游玩，预防溺水事故发生。

7. 不要到大石头边沿等危险的地方玩耍、照相等，以免摔伤。

联合洗碗"大战"

　　"五一"劳动节来了，为了锻炼大家的劳动技能，学校开展了轮流洗碗的活动。今天轮到"快乐组合"洗碗了。他们一吃完午饭就迅速跑到洗碗池边，等待全班同学"碗筷大军"的到来。

为了提高洗碗效率，"快乐组合"的四个小伙伴进行了流水线分工：热带鱼负责第一轮——用洗洁精洗碗，小蚊子负责第二轮——冲洗掉洗洁精，接着快捷键负责把碗筷擦干，最后乐天派负责把洗干净的碗筷送到碗筷柜里。

"碗筷大军"在源源不断地"进攻"，他们一时有点手忙脚乱。热带鱼一不小心把油渍弄到了脸上，其他小伙伴看到了便大笑起来。乐天派没看地面，差点滑了一跤，还好手上的碗没掉。热带鱼见状赶紧提醒他小心点。

半个多小时后，所有的碗筷清洗干净，都被放进了柜子里。联合洗碗"大战"宣告胜利！此时的"快乐组合"个个累得满头大汗，但他们却很开心，因为这次洗碗活动既锻炼了每个人的动手能力，又使得彼此的配合更加默契，大家都觉得很有成就感。

小链接：洗碗步骤

　　"五一"劳动节到了，同学们是不是也应该劳动起来，帮父母分担一些家务呢？洗碗是一项简单易学的家务活，大家可以按照下面的步骤，从洗碗做起。

　　1. 把碗筷都收拾到水槽里，用水先冲洗一下，把食物残渣和油渍冲洗掉。

　　2. 如果碗比较油腻，挤适量洗洁精到洗碗布上，然后用洗碗布把碗筷全都抹一遍。

　　3. 最后打开水龙头，冲洗碗筷，抹干，然后小心地放进柜子里。

　　这样简单的三步，碗就洗好了。同学们，有没有觉得洗碗其实并不是一件麻烦的事情呢？赶快动手吧！

"六一"节活动

　　欢乐的"六一"儿童节就要来了，班主任交代大家策划组织一场活动。"快乐组合"一下课就聚在一起讨论。"办一个游园会，热闹又大气！""不如组织一个跳蚤市场！""还是来一场唱歌比赛吧！"……大家七嘴八舌。小蚊子灵机一动："不如办一场古诗词比赛，高雅有趣，还能提升大家的学习热情！"这一建议立刻被"快乐组合"全票通过。

　　这种活动从来没有人组织过，大家都没有经验。小蚊子笑眯眯地说："不必担心，咱们就按照中央电视台举办的'中国诗词大会'来办：看字连诗句、给上句对下句、看图猜诗歌……""还有最最刺激的'飞花令'！"乐天派迫不及待地说。小伙伴们眼前一亮，对呀，可以借鉴现成的精彩电视节目呀！

经过充分的准备，古诗词比赛如期举行。小伙伴们分工协作，比赛有序推进，很快进入白热化阶段。这时，热带鱼大声宣布："下面就让我们进入最刺激的'飞花令'环节，每一句中'花'的位置要往后一个字。"同学们个个跃跃欲试。"花落知多少。""桃花潭水深千尺！""感时花溅泪！""人面桃花相映红！"……

比赛圆满结束！班主任林老师做了精彩的总结："中国古诗词是中华民族的艺术瑰宝，今天的活动让同学们分享了诗词之美，品味了诗词之趣。这样的活动今后还要多多举办。""同意！""支持！""下次我们来组织！"……"快乐组合"的小伙伴们脸上洋溢着成功的喜悦！

小链接："飞花令"

"中国诗词大会"第二季比赛中，年仅 16 岁的武亦姝在舞台上玩转流传千年的"飞花令"，被网友称为才貌双全的"国民女孩"，"飞花令"也圈粉无数。

如今，武亦姝和陈思婷的比赛片段在网络上热传。这场飞花令的主题字是"月"。让我们一起来欣赏一下武亦姝在比赛中所说出的诗句吧。

春江湖水连海平，海上明月共潮生——《春江花月夜》张若虚（唐）

可怜九月初三夜，露似真珠月似弓。——《暮江吟》 白居易（唐）

停车坐爱枫林晚，霜叶红于二月花。——《山行》 杜牧（唐）

小同学们，要想像武亦姝姐姐那样满腹诗书，出口成章，就一定要多多诵读多多积累哦！

"怪老师"

　　"教师节"即将来临，学校开始评选优秀教师。"快乐组合"的四个小伙伴有一个特别的想法，他们要评选"怪老师"。"怪老师"就是与众不同、有个性的老师。为了评选，他们展开讨论，准备列出一个候选人名单。

快捷键说："我觉得语文老师陈老师可以成为第一位候选老师。刚才上课时，陈老师提出了一个前所未闻的要求——有不同看法可随时提出！""就是，我跟陈老师争论一个问题，他不但没有批评我，还夸我肯钻研呢！"乐天派十分赞同。小蚊子说："陈老师是在有意识地培养我们独立思考的能力呢。"

"我认为数学老师林老师也是'怪老师'，听说他即将实行一个新的教学方法——自己的作业自己布置。"热带鱼提出了第二位候选老师。快捷键说："我也听说了，以后的作业同学们可以根据自己的薄弱点来安排。"小蚊子说："太好了，林老师这是对孔子因材施教的方法的创新呀！"

居然让我们自己布置作业。

这样最好。有些已经知道的就不用做了，节省时间。

这是对因材施教的创新！

林老师成为第二位候选人。

那是余老师维护我的自尊心。

哈哈，这些"怪老师"都是我们喜欢的好老师！

余老师也是"怪老师"！

余老师发现你做小动作居然没有批评你？

乐天派说："美术老师余老师也是'怪老师'。一次，余老师在讲课，快捷键在下面偷偷做小动作，余老师走到快捷键身后轻轻按了一下他的肩膀，却没有当众批评他。"快捷键听了乐天派的话，不好意思地说："余老师是在维护我的自尊心，那次以后我再也不会在课上做小动作了。"

原来，这些"怪"老师都是大家喜欢的好老师！

小链接：我心中的好老师

同学们，什么样的老师才是你心中的好老师呢？你可以在班上做一个问卷调查，看看同学们是如何定义自己心中的好老师的。

1. 你认为老师穿着打扮的标准是（　　）。

　　A. 大方整洁不花哨　　　B. 时尚前卫　　　C. 自己喜欢就好

2. 你希望老师具备以下哪种性格特征（　　）。

　　A. 活泼可爱　　　　　　B. 幽默智慧　　　C. 公平公正

　　D. 严格有威慑力　　　　E. 多才多艺

3. 你认为老师应该注重学生哪方面能力的培养（　　）。

　　A. 思想品德　　　　　　B. 情感心理　　　C. 日常行为规范

　　D. 实际工作能力　　　　E. 学习成绩

4. 你认为老师批评学生最有效的方法是（　　）。

　　A. 摆事实讲道理　　　　B. 与学生讨论允许申辩

　　C. 暗示提醒　　　　　　D. 严厉批评直到认错

5. 你希望老师采取哪一种授课方式（　　）。

　　A. 幽默有趣，能激发学生兴趣　　B. 紧扣教材，一板一眼

　　C. 言传身教　　　D. 能提高学生的成绩就行

6. 你认为最好的师生关系是（　　）。

　　A. 崇拜与被崇拜　　　　B. 课上师生，课下朋友

　　C. 只是师生关系　　　　D. 长辈晚辈关系

最美图片

为庆祝国庆，班级准备举办"最美图片"主题班会活动，每位同学都要推荐一张自己觉得最能反映祖国强大的图片，与同学们分享感受。对于这么有意义的活动，"快乐组合"自然不甘人后，纷纷上网搜集图片。

班会活动那天，快捷键第一个上台，他高举一张"大飞机"的照片，兴奋地说："这是 2017 年 5 月 5 日首飞成功的我国第一款真正意义上的民航大飞机——C919 大型喷气式客机，真是太酷啦！"小蚊子紧跟着走上讲台，给大家展示中国首艘国产航母的照片。她说："咱们首艘国产航母于 2017 年 4 月 26 日上午在大连正式下水，有了它，我们祖国更加强大了！"

乐天派迫不及待地冲上讲台："这是我国在 2016 年 9 月 25 日启用的'超级天眼'球面射电望远镜，有了它，你在月球上打电话，它也能接收到，是不是很厉害呀！"热带鱼也不甘示弱，她拿着两张"大桥梁"的照片晃了晃说："我要告诉大家一个好消息！就在 2017 年 7 月 7 日，世界最长海底隧道贯通了，这标志着港珠澳大桥主体全线贯通，这样大家以后去香港、澳门旅游就不必坐飞机、轮船啦，现在的交通真是越来越便捷了！"

同学们一一介绍完毕，老师听了非常满意，就让同学们将图片放在图书角展出，叫"最美图片展"，以方便同学们课后好好观赏。

小链接：最美图片展

C919 大型喷气式客机

001A 型国产航母

500 米口径球面射电望远镜

港珠澳大桥

长征五号遥二火箭

天宫二号

我的时间我做主

　　"终于到周末了，明天可以好好放松一下！"乐天派美滋滋地对小伙伴们说。"可是我还要去上补习班……"小蚊子愁眉苦脸地说，"爸爸妈妈在周末给我报了四个补习班：奥数、作文、画画、钢琴，说我不能输在起跑线上。""我也有三个补习班……"快捷键唉声叹气地附和着。

热带鱼说："周末是属于我们的休息娱乐时间，我妈妈会带我去森林公园呼吸新鲜的空气，去西湖欣赏千姿百态的菊花……""身体是学习的本钱，所以我爸爸每个周末都带我去体育馆锻炼身体，"乐天派说，"我们要么在羽毛球场上厮杀几个回合，要么去游泳池里畅游。""我也要建议妈妈把周末时间还给我。"小蚊子听了以后，决定回家和妈妈商量。

小蚊子回到家就和妈妈开起了家庭会议。小蚊子说："妈妈，周末我想有自己的时间，去做一些自己喜欢的事情，那么多的补习班让我都累趴了。"妈妈看着小蚊子，心疼地说："妈妈也是想让你多学点东西。既然这样，从明天开始，周末就由你自己做主吧！""太棒了！"小蚊子高兴得一蹦三尺高。

妈妈，其他同学周末都是自己安排，我也想有自己的时间。

是妈妈不对，从明天开始，你的周末你做主！

太好了，那我去通知乐天派和快捷键他们。

我们明天去郊外野炊吧！

小蚊子马上打电话给热带鱼："我妈妈同意了周末时间让我做主！明天我们一起去郊外野炊吧，好好放松下心情。""耶！太棒了！那我马上通知乐天派、快捷键他们，这下我们可以畅玩一番了。"小蚊子挂完电话，喜滋滋地躺在床上，开始计划她未来的周末时光了。

小链接：美国小学生周末会做的20件趣事

周末做点什么才能不辜负美好的时光呢？看看《美国小学生周末会做的20件趣事》吧，可以选择几样做做，让你的周末生活也丰富起来哦。

1. 去野营
2. 做体育运动
3. 去海边
4. 去钓鱼
5. 去图书馆
6. 去旅行
7. 烤饼干
8. 去农场
9. 睡个懒觉
10. 带着微笑做家务
11. 种植点什么
12. 写封信
13. 和宠物玩
14. 做个香蕉冰淇淋圣代
15. 做个艺术品
16. 写首诗
17. 观察小鸟
18. 洗车
19. 给爷爷奶奶外公外婆打电话
20. 玩得开心

"第三只眼"

上课时，老师问我们："人有几只眼？"全班同学齐刷刷地回答："两只。""错！"老师摇了摇头，"人有三只眼。"大家听完都不相信。老师故作神秘地说："我要请两位同学上台，蒙上眼后猜物品，然后请大家自己发现这第三只眼躲在哪里。"

　　热带鱼第一个兴奋地走上讲台。老师将她的双眼蒙上，然后拿出一个矿泉水瓶递给她。热带鱼先是用手摸了摸瓶底，再碰了碰瓶口，又捏了捏瓶身，立刻说出了答案："这是一个塑料瓶。"老师将她的眼罩解开说："恭喜你，答对了！"

"现在该轮到我猜了。"乐天派迫不及待地冲上讲台。老师蒙上他的眼睛后，又拿出一个矿泉水瓶给他，说："请你猜猜瓶子里装的是什么？"乐天派摇了摇瓶子，瓶子发出"沙沙"的声音，他又拧开瓶盖倒了一些在手上捻了捻，然后自信地回答道："沙子。"教室里响起一片掌声。

是沙子！

这个有点难。

乐天派真厉害！

嗯，要运用听觉和触觉来感受才行。

要学会调动各种感官来观察周围事物。

第三只眼就是除了眼睛之外的各种感官呀！

游戏结束了，老师说："刚刚热带鱼和乐天派用了触觉和听觉，现在大家知道我们的'第三只眼'在哪里了吗？"小蚊子迫不及待地举手发言："'第三只眼'就是除了眼睛之外的感官！"老师满意地点了点头，说："同学们以后可以好好用'第三只眼'来观察事物。"

小链接：听

闭上眼睛，

听雪花跳舞的声音；

闭上眼睛，

听大地睡觉的声音；

闭上眼睛，

听梅花微笑的声音；

闭上眼睛，

听冰块洗澡的声音；

闭上眼睛，

听春江水暖的声音；

闭上眼睛，

听桃花脸红的声音。

闭上眼睛，

听春天向我们招手的声音。

考考你：

上面这首儿童诗涉及哪几种感官感受？

参考答案：

视觉、听觉、触觉。

拜年

新年给长辈拜年是中国人的传统习俗。今年春节，"快乐组合"在小蚊子的带领下，去她的舅公——退休教师陈老师家拜年。陈老师是全市有名的特级教师，他的家，窗明几净，充满了温馨祥和的气氛。客厅的墙壁上挂着一个大大的横幅——"得天下之英才而教育之"。小伙伴们一看，不禁肃然起敬。

　　"欢迎！欢迎！"陈老师和他的老伴热情接待了"快乐组合"，陈老师开心地说："感谢你们来给我拜年！"小蚊子说："舅公舅婆新年好！逢年过节探望、问候长辈，是我们晚辈应该做的！""说得好，说得好呀！"陈老师连连称赞。

陈老师带大家进入他的书房参观。"这么多书呀！"看见书房竖立着的高高大大的书柜，热带鱼叹为观止。"您都已经退休了，还看这么多书呀？"快捷键不解地发问。陈老师笑眯眯地说："书籍是人类进步的阶梯，要活到老学到老呀！"乐天派敬慕地说："所以您才能成为一个大名鼎鼎的教育专家呀！""那是！"小蚊子自豪地应和着。

陈老师从书架上拿出一本册子给大家看。哇！全是邮票。快捷键看呆了："这些全是您收藏的？""我和老伴教书四十多年了，教过的学生经常会给我们写信。我就把他们来信上的邮票收集起来，留作纪念。"陈老师脸上充满了欣慰的神情。

"舅公，能不能把您的剪报给我们欣赏一下？"小蚊子拉着舅公的手说道。老人笑眯眯地说："当然可以。"陈老师的剪报可谓五花八门，有教育新闻集、学生优秀习作汇编，还有虫鸟集、花卉集……全是从报纸上剪下来的，分门别类整整齐齐地放在书架上，简直是一整套自制的百科全书！小伙伴们看了很是佩服。

不知不觉到了晚餐时间，几个小伙伴商量用自己的压岁钱请两位老人到外面饭店吃饭，可小蚊子连声说："二老从不在外面吃饭，他们嫌外面吃饭太贵了。他们舍不得乱花一分钱，却用退休金资助了5个贫困山区的孩子上学呢！"

一时间，小伙伴们个个心潮澎湃，纷纷掏出自己的压岁钱说："陈老师，您替我们把这些钱给山里的孩子们寄去吧！""您今天教会了我们好多事情，这些就是最好的新年礼物！"……陈老师慈爱地抚摸孩子们的头说："你们都是好孩子！"

　　离开陈老师家，小伙伴们感觉收获满满。他们要向陈老师学习——平时多看书，把知识分类整理，还要开始学会节俭，不乱花一分钱，这样，以后就可以多捐钱给贫困山区的学生了。这样的拜年，让他们感觉自己真的长大了一岁！

小链接：拜年习俗知多少

一、扫尘

"腊月二十三，掸尘扫房子"，其用意是要把晦气扫出门，寄托着人们破旧立新的愿望和辞旧迎新的祈求。

二、贴春联、窗花、"福"字和年画

这些吉祥的字画，将节日装点得更红火热闹，寄托着人们对幸福生活的向往、对美好未来的祝愿。有的人将"福"字倒过来贴，表示"福气已到"。

三、爆竹

中国民间有"开门爆竹"一说。在新的一年到来之际，家家户户开门的第一件事就是燃放爆竹，以"噼里啪啦"的爆竹声除旧迎新，营造出节日喜庆热闹的气氛。

四、拜年

新年的初一，人们都早早起来，穿上最漂亮的衣服，打扮得整整齐齐出门去走亲访友、拜年送吉祥。

五、压岁钱

春节拜年时，长辈会将事先准备好的压岁钱分给晚辈。据说压岁钱可以压住邪祟，因为"岁"与"祟"谐音。晚辈得到压岁钱就可以平平安安度过一年。

六、蒸年糕

年糕谐音"年高"，寓意孩子们年年长高。年糕的样式有方块状的黄、白两种，象征着黄金、白银，寄寓新年发财的意思。

谁是大力士

　　科学课上，陈老师神秘地拿着几个鸡蛋走上讲台，笑眯眯地对大家说："今天我们来做个'谁是大力士'的游戏，看看谁能只用手捏，就能把鸡蛋捏碎。""好！"同学们带着强烈的好奇心，齐声答应。

　　快捷键自告奋勇走上讲台，拿起一个鸡蛋，"呀！"伴随着一声惊天动地的大喊，他使劲一捏，咦，怎么没碎？难道力道不够？好吧，再来一次，"呀啊……"大家全都伸长脖子看向他手中的鸡蛋，可还是没碎，快捷键难以置信地看着鸡蛋。

接下来上场的是乐天派。他拿起鸡蛋放在手上掂了掂，然后握紧鸡蛋，拳头顶向桌子，猛地发力，只听"啪"的一声，鸡蛋碎了，大家纷纷向他投去敬佩的目光。坐在第一排的热带鱼好像看到了什么，喊道："他拳头顶向桌子了。"

我捏碎了！

这是怎么回事呢？

陈老师微笑地解释道："鸡蛋是圆形的，受力均匀就不容易碎。但像乐天派那样，拳头顶向桌子就使力量集中在一个点上，这样鸡蛋就很容易碎了。同学们上课也是一样，一定要集中注意力，这样学习效率才会高。"大家这才如梦初醒，这节课不但学了一个科学道理，还明白了上课认真听讲的重要性。

歪打正着，哈哈，看来我有科学细胞。

原来如此，怪不得我捏不碎呢。

道理这么简单呀，看来科学无所不在。

上课认真听讲，这可是我学好功课的秘诀哦。

◎吃东西时感觉太辣了，含少许盐漱口，就不会觉得辣了。

辣的味蕾和咸的味蕾部分重叠，盐可以在短时间内刺激咸味蕾的敏感度，相应地，辣味蕾的敏感度就减少了。

◎小面积皮肤轻度烧伤或烫伤，抹上牙膏可止血止痛。

牙膏有消炎功能，并且膏状物隔绝了空气，可以防止感染。

◎被蚊子叮咬，涂上肥皂水就不会痒了。

肥皂中含有一种碱性物质，和蚊子叮咬后残留在皮肤里的酸性物质进行反应，就不觉得痒了。

◎难撕的标签用吹风机吹一会儿就容易撕了。

吹风机吹出来的热风可以使标签的黏胶烘干变形，标签就不黏了。

◎头痛时把苹果磨成泥状，闻苹果的香味，头疼就会好很多。

苹果的香味能减轻人头痛时的焦虑情绪，使颈部、头部的肌肉放松，具有镇静的作用。

快乐阅读角

　　"丁零零——"下课了，同学们闻声来到楼道的尽头，这儿热闹极了。原来，学校最近在每层楼道尽头都开设了"快乐阅读角"，里面放了许多优秀书刊，供大家在课余时间阅读。

阅读角来了好多同学。小蚊子边取书边说："'快乐阅读角'真受大家欢迎呀！"快捷键开心地说："图书馆距离教学楼太远了，现在有了阅读角，看书方便多了。"见阅读角有点挤，同学们都排起了队，井然有序，"快乐组合"很快就拿到了自己想看的书。

"快乐组合"的小伙伴们拿着自己喜欢的书并排坐在阅读角的长椅上。他们时而静静地看书；时而把脑袋凑在一起，探讨书里有趣的情节；时而被书中情节感染，捧腹大笑。

"丁零零——"上课铃声响起，愉快的课间阅读结束了，大家虽然意犹未尽，但都不得不将手中的图书放回到书架上。小小的阅读角激发了同学们的阅读兴趣，同学们的学习热情越来越高涨。

小链接：家庭阅读角

阅读，是帮助孩子打开智慧之门的金钥匙。阅读是一种享受，没必要刻板地坐在书桌前。如今，越来越多的家长会按照孩子的喜好，和孩子一起，在家里布置一个阅读角来提高他们的阅读兴趣。

文艺小清新风

拼接地毯风

楼梯转角风

白色极简风

简易欧式风

卡通可爱风

电影票风波

　　"请各班班长到办公室领取电影票。"下课铃刚响，广播里就传来一则激动人心的通知。快捷键催促热带鱼道："你是班长，快去取票，去晚了好票都被别班拿光了。"热带鱼赶忙跑去办公室。

　　热带鱼一走，快捷键就迫不及待地来到楼道，往办公室的方向张望。哈哈，热带鱼终于出来了！可是她走着走着却突然停了下来，翻了翻电影票，紧接着从中抽出一张，放进了自己的口袋。快捷键见状气坏了，心想：热带鱼一定是私藏了位置最好的票。

热带鱼兴冲冲地跑进教室，大声说："大家快来领电影票，随机抽取，不能挑选哦。"快捷键拿到票后说："我这张票位置太差，我要换！""不行！"热带鱼铁面无私地拒绝了。"你自己都私藏好票了，我为什么不能换！"热带鱼顿时满脸通红地说："我……我没有私藏好票。""我刚才都看见了，你别想耍赖。不然把你的票拿出来给大家看看？"快捷键生气地说。

把你的票拿出来看看！

我没有私藏好票。

你一定是冤枉热带鱼了！

热带鱼不会做这种事的！

1排32号！

就是这张。

快捷键，你该向热带鱼道歉！

这是全场最差的位置！

热带鱼无奈之下只好把票拿了出来，快捷键立刻说："看到没有，我早就看见她私藏好票了！"说完他一把抢过票，大声念道："1排32号！"快捷键和全班同学都呆住了，原来，这是全场最差的位置啊！

小链接：孔子误会颜回

《吕氏春秋》中记载：孔子周游列国，遭到很多人反对，一次受困在陈国与蔡国之间，有七天的时间没有吃过米饭了。

一天中午，他的弟子颜回讨来一些米煮稀饭。饭熟的时候，孔子看见颜回居然偷偷地用手抓取锅中的饭吃，就故意装作没有看见。

当颜回进来请孔子吃饭时，孔子站起来说："我刚才做了一个梦，梦中祖先告诉我，食物要先献给长辈，岂可自己先吃呢？"

颜回一听，连忙解释说："夫子误会了，刚才我因为看见有煤灰掉到锅中，所以就伸手把弄脏的饭粒拿起来吃了。"

孔子听后叹息道："人可信的是眼睛，而眼睛也有不可靠的时候；人可依靠的是心，但心也有不足依靠的时候。"

欲擒故纵

　　乐天派因为贪吃，又不运动，最近越长越胖了。快捷键给他起了个外号叫"大笨熊"，这外号很快就在同学间喊开了。可是乐天派不乐意，觉得这个外号有辱他的自尊心，一听到同学们喊他"大笨熊"，他就气得脸红脖子粗。

一天课间，乐天派又被快捷键叫"大笨熊"，气得乐天派拖住快捷键，一口咬住快捷键的手臂，快捷键被咬得大叫起来。同学们见了这一幕，赶紧向班主任林老师报告。

班会课上，林老师说："快捷键，取外号是不尊重同学的表现，你要向乐天派道歉。另外，谁以后还叫这个外号，我就直接奖励给乐天派一颗小星星。"要知道，班级争星赛的星星可不是那么容易得到的，谁都不愿为乐天派做"贡献"。

以后谁还叫你外号，直接来找我，老师奖励你一颗星星。

啊，太棒了！

林老师用的是欲擒故纵之计！

这下没人敢叫乐天派的外号了！

小蚊子，快叫我"大笨熊"！

不！

林老师真厉害！

这下没有人叫乐天派"大笨熊"啦！

从此，快捷键和其他同学们再也不叫乐天派"大笨熊"了。这么一来，乐天派却不乐意了。他太想得到星星了，一下课，就缠着同学说："叫我'大笨熊'。"可是没有一个同学满足他的要求，此后，他的外号再也没人叫了。

小链接：老人的办法

　　一个刚退休的老人回到老家，想安静地度过晚年。最近，有三个小男孩每天放学后都来到老人住家附近，把几只破垃圾桶踢来踢去，玩得不亦乐乎。

　　老人受不了这些噪音，于是出去跟小男孩谈判："我很喜欢看你们踢桶玩，如果你们每天都来，我就每天给你们一块钱。"

　　三个小男孩很高兴，更加起劲地表演他们的足下功夫。

　　过了三天，老人忧愁地说："我的收入减少了一半，从明天起，我只能给你们五毛钱。"

　　三个小男孩很不开心，但还是答应了这个条件。

　　一个星期后，老人愁眉苦脸地对他们说："最近我没有收到养老金汇款，对不起，每天只能给你们两毛钱了。"

　　"两毛钱？"一个小男孩脸色发青，"我们才不会为了区区两毛钱浪费宝贵时间为你表演呢，不来了！"

　　从此以后，老人又过上了安宁的日子。

自作自受的"超人"

快捷键特别崇拜美国进口大片中那些具有超能力的英雄人物，把他们视为自己的偶像。这不，一下课，他就津津有味地跟同学们探讨起来：见义勇为的"蜘蛛侠"、百发百中的"罗宾汉"、健步如飞的"闪电侠"……

　　一日，操场上，快捷键出了一个"馊主意"："我们来扮'蜘蛛侠'吧。电影里的'蜘蛛侠'能在墙上攀来爬去，我们也来试一试！"说着，他先爬上了护栏，几个胆大的男生也不甘示弱，纷纷爬上了护栏。

　　小蚊子和热带鱼见状真替他们捏一把汗，连忙上前劝阻，可是大家正在兴头上，根本听不进劝告。幸而没过多久，上课铃就响了，小蚊子和热带鱼总算松了一口气。

一天，乐天派正在班上做作业，只听"嗖"的一声，一个尖尖的"利器"打中了他的脑袋。"哎呀！"乐天派痛得大叫起来。还没等他反应过来，又一个"利器"呼啸而来。乐天派定睛一看，原来是一个粉笔头。他生气地抬起头，只见快捷键一手拿着粉笔头，一边嬉皮笑脸地说："看我'罗宾汉'的超能力！"说着，又扔出了一个粉笔头。

我"罗宾汉"真是百发百中！嘻嘻嘻……

哎哟，好痛！

你这样做会伤害到同学的！

开个玩笑嘛，何必这么认真！

乐天派忍无可忍，走过去一把夺过粉笔头说："闹够了没有！"望着满地狼藉的粉笔头，乐天派严肃地批评快捷键道："快捷键，你这种行为不但浪费了学校的公共财物，还伤害了同学。要是真打中了谁的眼睛，造成严重的后果，那你就摊上大事了！"可是快捷键不以为然，一边嬉笑着一边跑走了。

下课了，快捷键又跟几个男生在教室和楼道里玩起了"跑跑抓"。

　　"'闪电侠'来也！快闪开！"快捷键大呼小叫着一路冲杀，所经之处，桌子歪、椅子倒、同学被碰撞。大家纷纷退让，避之唯恐不及。

　　热带鱼抱着刚刚收齐的作业本正准备下楼，就见一团"黑旋风"呼啸着从身边闪过，她还来不及看清，只听"砰"的一声，那团"黑旋风"因为"刹车"不及时，迎面撞上了走廊的柱子，随即瘫软在地上。

热带鱼走过去一看，原来那"黑旋风"就是快捷键，只见他的脑袋上肿起了一个大包。热带鱼赶紧叫来小蚊子和乐天派，大家快步上前扶起快捷键。小蚊子紧张地说："你的头上肿了这么大一个包，我们还是快去医务室吧！"

去往医务室的路上，大家一边抚慰痛苦的快捷键，一边数落他缺乏安全意识的所谓"超人"行为。快捷键羞愧地低着头说："我错了，以后再也不做'超人'了！真的是太危险了！"

小链接：安全顺口溜

追逐打闹尖声叫，影响上课是歪道。

上下楼梯要守法，楼梯扶手不能滑。

课间活动要注意，楼道狭窄不能挤。

同学摔倒楼梯上，快速伸手来帮忙。

篮球架子不要爬，当心掉下摔碎牙。

体育课听老师话，各种活动按规办。

莫登高来莫爬树，当心高处稳不住。

饥饿时候莫乱吃，吃饭之前洗净手。

细嚼慢咽成习惯，促进消化身体好。

吃瓜果前先洗净，蚊叮蝇爬病传染。

病从口入是古训，讲究卫生不生病。

安全细则是个宝，大家务必要记好。

热爱大自然的张老师

"快乐组合"最喜欢他们的思想品德老师——张老师。张老师身材苗条，一头乌黑的长发，一双水汪汪的眼睛。张老师不仅上课风趣幽默，她还有一个最大的特点——热爱大自然。

上课了，同学们正在聚精会神地听张老师讲课，一只小鸟飞到了教室窗前，叽叽喳喳地叫着。同学们纷纷伸长脖子去看，吵吵闹闹的。要是换了别的老师，见此情景肯定会大发雷霆，可张老师一点也没有生气，反而走上前去，和大家一起仔细地观察这只小鸟，然后面带微笑地对大家说："这是百灵鸟，它爱唱歌，被称为'森林女高音'……"

自习课时，张老师带同学们去观察校园里的三叶草。张老师说："三叶草不仅长相可爱，还能吃呢！"说完，她拔起一棵三叶草，先把叶子拔掉，再拗断根，然后递给我们，让我们吸里面的汁。呀，味道酸酸甜甜的。

教师节到了，"快乐组合"制作了一个特别有纪念意义的小视频送给张老师。视频中有张老师在认真上课、在观察百灵鸟、在教大家吮吸三叶草汁液的镜头，最后，张老师在花团锦簇的同学们中间甜蜜地微笑……像张老师这样的老师多一些，大家一定会更加热爱大自然、热爱学习的！

小链接：大自然与人类的发明

大自然是人类的老师。生活中很多的发明创造都来自于大自然的启发，让我们一起来看看吧！

云杉与广播电视塔

高山上的云杉长年累月经受着狂风的袭击，因此树干变成圆锥形，底部又粗又大，这种形状使云杉能牢牢地挺立在山顶之上。人们模仿云杉建起广播电视塔，即使遭到强台风的袭击，也不会有倒塌的危险。

蝴蝶与迷彩服

五彩的蝴蝶颜色粲然、花纹不一。科学家通过观察发现，蝴蝶花纹在花丛中不易被发现，因此就在军事设施上覆盖蝴蝶花纹做伪装。根据同样的原理，后来人们还设计出了迷彩服。

野猪与防毒面具

战争时期，战场上大量野生动物相继中毒丧命。可奇怪的是，野猪竟意外地生存下来。科学家仔细研究，发现当野猪闻到强烈的刺激性气味后，就用嘴拱地，从而对毒气起到了过滤和吸附的作用。根据这一发现，科学家们很快就设计、制造出了第一批防毒面具。

中国"新四大发明"

　　为庆祝中华人民共和国成立六十九周年，老师在班上宣布举办"认识中国'新四大发明'"的主题班会活动。对此，"快乐组合"四位小伙伴感到新奇不已，他们只知道中国古代有"四大发明"，还从没听说过"新四大发明"呢。于是，他们迫不及待地通过各种渠道去了解"新四大发明"。

第二天，主题班会开始了。小蚊子率先走上讲台，她激动地说："我先来介绍'新四大发明'的由来：2017 年 5 月，来自'一带一路'沿线的二十国青年进行评选，选出了中国的'新四大发明'——高铁、扫码支付、共享单车和网购。我最想跟大家分享的是中国高铁，高铁是世界上速度最快的列车，这是'中国科技'的最新成果，'中国速度'真不一般！"

"现在该轮到我来介绍了。如今，扫码支付成了人们最便利的支付方式，就算身上没有带钱，只要有手机，打开支付条码，扫一下就能付好钱，再也不怕忘带钱或者没钱找零啦！"热带鱼说。乐天派紧随其后，用幻灯片介绍另一发明："我向大家介绍的是共享单车，这是'ofo'，这是'哈啰单车'……这些单车扫码后可以任意骑行，既方便大家日常出行，又为节能减排做贡献！"

快捷键拿着自己的手机说："现在，网购成了人们非常喜爱的购物方式，连我手上的这个小米手机都是妈妈网购给我的，不但价格实惠，而且快递送货很快。"快捷键一席话引起了大家的强烈反响，他们纷纷晒出自己从网络上购买的各种书籍和文具……

小链接：将到来的发明

一、无人机

不久的将来，无人机除了运输货物、拍照之外，还可以送外卖。将来的某一天，你的外卖可能不再由骑手配送，而是一架无人机从窗户飞进，轻轻地把美食放在餐桌上。

二、无人便利店

智慧零售日渐成熟，无人便利店加速到来。这种店无工作人员、无收银人员、免排队，将让你的购物体验完全不同。

三、共享医院

共享医院由多家医疗机构"拼"起来，医疗资源共享能够更好更快地为病人服务。

在新时代这样的发明会越来越多，人们的生活也会越来越方便，你们期待吗？

换个角度看问题

热带鱼的妈妈生了个小弟弟。近来，热带鱼感觉家里的一切都变了，尤其是爸爸妈妈对她的爱。今天一下课，她就忍不住向三个小伙伴抱怨起来。

热带鱼抱怨说："爸爸现在下班回家，一进家门就先去抱弟弟，喜欢得都舍不得放下，直到吃饭的时候才想起我。妈妈也是这样，有一次我请妈妈帮我听写生字，可妈妈只顾着陪弟弟玩，居然忘了我的事……"小伙伴们纷纷劝慰热带鱼。

小蚊子对热带鱼说："我妈妈也生了个小妹妹，妹妹年幼，理应多得到大家的关爱。我看见妈妈常常忙得不可开交，放学一回家，我就帮助妈妈喂妹妹吃粥，妹妹可喜欢我这个姐姐了。爸爸回家见了，夸我懂事。这样一来，妈妈轻松点，就有时间指导我学习了。"热带鱼一听，连连点头："对呀，我怎么就不能像你这样换个角度看问题呢！"

经过小蚊子的开导，热带鱼一回家就帮妈妈做家务，空余时还陪弟弟玩玩具、讲故事给他听。从此以后，热带鱼每天都欢欢喜喜的，像换了个人似的，她告诉小伙伴们："多了个弟弟就多了一份快乐！这种感觉真是太棒了！"

小链接："二胎"辩论赛

最近，"要不要生二胎"成了热门话题，这不，班主任林老师就在班上开展了辩论赛，"快乐组合"也积极报名参加了。

我方观点是要生二胎，生二胎好处多多。我的妈妈也给我生了一个妹妹，有了妹妹以后，我觉得自己不孤单了，还学会了和妹妹分享妈妈的爱。独生子女容易造成自私的性格缺陷，所以我方认为要生二胎。

小蚊子（正方）

我方观点是不要生二胎，虽然有了弟弟妹妹以后家里会热闹许多，但是妈妈要做的家务、操心的事情会更多，我们不应该为了自己开心而让妈妈过分操劳。

乐天派（反方）

我要反驳乐天派的观点，我们可以帮助妈妈照顾妹妹，而且等妹妹长大以后，两个人可以更好地照顾妈妈。俗话说"养儿（女）防老"，生两个孩子，未来的养老压力就能减轻许多。

热带鱼（正方）

虽说"养儿（女）防老"，但是在养育二胎的过程中，需要很多的费用花销，有些家庭经济一般，如何养得起二胎？所以我认为，对他们来说，还不如集中力量培养一个孩子。

快捷键（反方）

同学们，你们有什么样的观点？不妨来说说吧！

我和爸爸妈妈比童年

　　为了让同学们充分感受到我国社会的发展与现代生活的幸福，林老师决定举行"我和爸爸妈妈比童年"的主题班会活动。不同的年代有不同的童年，爸爸妈妈的童年有怎样不同的故事呢？同学们对此好奇不已，纷纷回家了解情况。

　　班会上，热带鱼率先发言："我爸爸说他小时候生活可艰苦了，虽然生活在海边，但吃的几乎都是地瓜米、咸菜干，只有过年时候才能吃到肉……"

　　乐天派说："我妈妈虽然在城市长大，但她总穿哥哥姐姐剩下的旧衣服，那些衣服上落满了补丁，所以，她童年最大的愿望就是能够拥有一条属于自己的新裙子。而我现在的衣服，不但多，而且时尚漂亮。想想妈妈小时候，我都觉得很惭愧呢。"

妈妈一件旧衣服穿几年，我一橱子的衣服不重样。

小蚊子说："我妈妈小时候生活在闽北山区，一家人挤在一间低矮昏暗的土石屋里，晚上没有电灯，只能点一盏昏黄的煤油灯。听妈妈说，她有一次写作业不小心把头发烧着了。而我现在有自己宽敞的卧室，桌上不但有护眼台灯还有电脑，学习条件真好！"

妈妈小时候就点着煤油灯写作业，把头发都烧着了……

林老师总结发言："以前人们只求能吃饱，现在大家讲究要吃好；以前谁家只要有手表、电视机、自行车就算富裕，现在手机、电脑、小轿车已经很普遍了；以前出门远行只能乘坐慢悠悠的绿皮火车，现在高铁一个小时能行驶250千米……你们这一代人呀，一定要好好珍惜这幸福的生活，勤奋读书，将来报效国家，让祖国的明天更加美好！"

我们一定勤奋读书，将来报效国家！

我们一定会好好珍惜这幸福的生活。

你们要好好珍惜幸福生活，努力读书！

小链接：爸爸妈妈小时候玩过的游戏

滚铁环

扔沙包

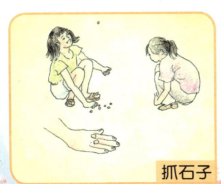
抓石子

挑冰棍棒

跳格子

跳皮筋

您好！林则徐

　　放假啦！快乐小学组织同学们一起到福州市南后街澳门路参观林则徐纪念馆。"快乐组合"的成员也在班主任老师的带领下来到了林则徐纪念馆门口。大家对今天的参观旅程充满了好奇，细心的小蚊子还带上了自己的照相机和笔记本，为这次参观做足了准备。

大家首先来到了第一个展区。在这里，"快乐组合"看到了林则徐童年时用过的许多东西。通过展馆里的文字介绍和老师的讲解，大家都对林则徐有了一点粗浅的认识。

大家跟着老师一起进入了第二个展区。原来，林则徐在考取功名之后到全国各地去做官，为当地百姓们做了许许多多的好事。在云南，他严惩了当地乡试的舞弊行为；在浙江，他兴修了有效防御洪水的水利工程；在山东，他为了治理黄河，亲自在寒风里步行了几百里……

"快乐组合"走着走着，突然发现展厅前面出现了一个大山洞。这是怎么回事呀？原来，这个山洞是林则徐在新疆做官时帮助当地老百姓建造的"坎儿井"模型。有了"坎儿井"，新疆的老百姓就再也不用担心缺水啦！"快乐组合"认真地看着墙上的动画演示，都感到非常佩服。

在第三个展区，大家发现，林则徐还对许多西方的文化有所了解：他组织人们翻译了西方的许多文学作品，学习西方先进的军事技术，建造了许多科技含量很高的军事装备。"快乐组合"终于明白了为什么林则徐被人们称为"中国开眼看世界的第一人"。

接下来，大家来到了第四个展区。这个展区专门介绍林则徐销毁一种叫作"鸦片"的毒品的历程。这不，展厅前方有一组蜡像，再现了当时林则徐销毁鸦片的场景。只见他指挥百姓把一筐筐害人的鸦片倒进坛里，用海水浸泡后，倒入生石灰……真是大快人心！

走着走着，大家发现展厅的地面上出现了许多美丽的"花朵"。原来这是制作鸦片的原材料——罂粟花。"快乐组合"赶忙冲上去猛踩这些"花"。神奇的是，这些"花"一旦被踩过，马上就枯萎了。看到这一情景，小伙伴们踩得更起劲了，好好过了把"消灭鸦片"的瘾。

紧接着，到了第六个展区。在这里，大家看到了全国各地开展纪念林则徐活动的照片。林则徐虽然生活在遥远的清朝，但是现在的人们并没有忘记他，都把他的伟绩和精神记在了心里。"快乐组合"看了，也暗暗下定决心要学习并传承林则徐的优秀品质。

最后，大家来到了纪念馆里的影像厅。这里全天循环播放着一部讲述林则徐成长故事的动画片。"快乐组合"一边看着动画片，一边回味今天的参观行程，很受教育。

不知不觉中，大家已经走到了纪念馆的出口。"快乐组合"一致认为：能够来参观这样一位伟大的民族英雄的纪念馆，重新走一遍他辉煌的人生道路，真是一件有意义的事情。

小链接：循着您的足迹

循着您的足迹
我来到了黄河之畔
看着泛滥的洪水渐渐平息
您的衣襟浸透热汗

循着您的足迹
我来到了国土边
看着"坎儿井"经行千家万户
您的脸庞绽放笑颜

循着您的足迹
我来到了虎门海滩
看着一筐筐鸦片化为灰烬
您的眼神坚定如山

班会课上的"虎门销烟"

班会课上，"快乐组合"成员正在表演著名的历史故事《虎门销烟》。现在上演的是第一幕：鸦片之痛。热带鱼扮演的穷苦百姓正在痛心疾首地向快捷键扮演的林则徐控诉鸦片的危害。小蚊子在专心致志地念着旁白。

94

请爱卿去销毁这些害人的鸦片吧！

是！

林则徐把鸦片的危害禀告给清朝的皇帝，皇帝决定让林则徐禁烟。

第二幕：皇帝下旨。乐天派扮演的清朝皇帝忧心忡忡地上场了。观众们看到这样胖乎乎的"皇帝"都忍不住哈哈大笑起来。但大家马上就安静下来，认真地观看"快乐组合"成员的表演。因为他们都很关心这重要的历史时刻。

第三幕：虎门销烟。小蚊子走到讲台前，在黑板上写下了"虎门"两个大字。快捷键扮演的林则徐高举火把，正在指挥热带鱼扮演的穷苦百姓将一箱箱"鸦片"（用涂黑了的粉笔盒制作而成）倾倒在一个充当毁烟池的大大的垃圾桶里。

于是，林则徐在虎门开始了销毁鸦片的行动。他把那些害人的鸦片全部毁掉，并且号召大家远离和拒绝鸦片。

看到这么多中国人恢复健康，我真高兴啊！我一定会继续努力，将鸦片彻底禁绝！

　　"快乐组合"成员的表演一结束，台下就响起了雷鸣般的掌声。下课后，班主任老师给大家布置了一项特殊的作业：课后大家一齐动手查资料，仔细了解《虎门销烟》的故事背景，并认识林则徐虎门销烟的历史意义。

我们一定会像林则徐一样继续传递正能量的！

朕坚决支持！

我们的表演结束了，谢谢大家！

小链接：长大后我要成为您

长大后我要成为您
像您一样"放眼看世界"
用我小小的羽翼
拥抱大大的天地

长大后我要成为您
"海纳百川，有容乃大"
用我小小的心思

放飞大大的希冀

长大后我要成为您
"苟利国家生死以，
岂因祸福避趋之"
用我小小的力气
开创大大的业绩

小链接：可怕的毒品

除了鸦片，还有很多种可怕的毒品。同学们在认识它们的时候也要记得远离它们哦！

罂粟花

海洛因冰毒

愚人节风波

4月1日这天，乐天派正在明媚的阳光与清脆的鸟语声的陪伴下，走在上学的路上。忽然，后面传来热带鱼的声音："乐天派，你的鞋带松啦！"乐天派一听，赶忙低下头检查自己的鞋带。咦，鞋带不是绑得好好的吗？正当乐天派纳闷时，背后又传来了热带鱼他们顽皮的笑声。原来，今天是愚人节，而"鞋带恶作剧"正是热带鱼送给乐天派的"节日礼物"呢！

愚人节一大早就被愚弄，乐天派觉得自己的智商太低了。为了不再上当受骗，被同学愚弄，他暗暗提醒自己：今天凡事要谨慎，再也不能轻易相信别人说的话。这不，连小蚊子告诉他下午要考试的消息他也不相信了。

嘻嘻，今天是愚人节，我是不会上当的！

最新消息：下午有数学考试！要好好准备哦！

真是一朝被蛇咬，十年怕井绳。

哼哼，你们别以为人多就能骗得了我！

咦，乐天派，你怎么还不去复习呀？

真是聪明反被聪明误啊！

下午要考试的消息像一阵风似的在教室里传开了。同学们有的抱着课本，有的掏出了练习册，大家都在紧张地复习着。乐天派想："这一定是同学们合伙给我准备的愚人节玩笑，我可不能再上当了！"这样想着，他连好哥们快捷键的话也听不进去了。

上课铃响了，数学老师抱着一大叠考卷，走上讲台："现在开始考试！"乐天派这才明白过来，原来数学考试的消息不是愚人节的玩笑，而是真的呀！

小链接：愚人小妙招

小同学，你们知道吗？每年的 4 月 1 日是国际愚人节。在这一天，世界各地的人都会和自己的朋友开一些有趣的小玩笑。你想不想也来开开朋友们的玩笑呢？快来看看下面的小恶作剧方案吧！

方案一：把一张写着"愚人节快乐"的纸条折好，把它放在套了好几层的盒子里，然后就可以把它送给你的好朋友啦！

方案二：把一枚一元钱的硬币用 502 胶水黏在水泥地上，看到有人在那使劲捡硬币又怎么也捡不起来的时候，你就可以跳出来祝他"愚人节快乐"啦！

方案三：买一瓶可乐，喝掉一半后，掺入醋、酱油、盐、芥末等佐料，精心调制一份色泽正常的怪味可乐。遇到朋友就装作正在喝，然后大方地把"可乐"递过去。对方毫无戒备，肯定一边道谢一边大口喝下去。就在他紧皱眉头、张口便吐的时候，你可要准备开溜喽。

劳动最光荣

　　"五一"劳动节伴着五月暖暖的阳光到来了。为了培养小朋友们爱劳动的好习惯，快乐小学组织学生进行校园大扫除。一年级同学的任务是打扫校园图书馆。同学们刚来到图书馆，班主任就带来了一个好消息……

给乐天派点个赞！

乐天派今天可真勤劳。

乐天派平时做值日都没这么认真。

我表现这么卖力，一定可以上报纸啦！

为了能在校报上露脸，乐天派劳动可积极了。他一会儿抢着扫地，一会儿忙着擦玻璃，还时不时偷瞄几眼校报记者手中的照相机，随时准备摆姿势，"抢镜头"。

乐天派的背影上校报啦！

出什么事了？

乐天派在大惊小怪什么呀？

啊！我那么卖力，竟然只换来一个背影！

等了整整一周，乐天派终于拿到了最新一期的校报。翻开报纸，乐天派简直不敢相信自己的眼睛。原来，登在报纸上的那张照片只拍到了乐天派胖胖的背影，却没有拍到他"英俊潇洒"的脸庞！

第二天一早，乐天派耷拉着脑袋走进教室，就听到班主任在表扬自己："同学们，乐天派同学多勤劳啊！大家都要向他学习，做个爱劳动的好孩子！"班主任的话音刚落，同学们就热烈地鼓掌。这让乐天派很不好意思，但他心里别提多高兴呢！

小链接：我可以做什么家务

小同学，你们知道吗？每个年龄段的小朋友都能做一些与自己年龄适应的家务。这是一份《儿童学做家务年龄表》，快和爸爸妈妈一起看一看，为自己制订一份"家务计划"吧！

3~4 岁：帮忙拿取东西；把垃圾扔进垃圾箱；学会使用马桶；浇花；喂宠物；把脏衣服放到篮子里；把叠好的干净衣服放回衣柜；晚上睡前整理自己的玩具；睡前帮妈妈铺床。

4~5 岁：学会摆放餐具；饭后，把脏碗筷放进厨房水池；独立准备自己第二天要穿的衣服。

5~6 岁：收拾好书包；准备好第二天要穿的衣服；学会收拾房间。

7~12 岁：学会做饭；会用洗衣机；清理洗手间；帮忙洗车擦地。

13 岁以上：换垃圾袋；清理冰箱灶台；修剪草坪。

小链接：爱劳动的好孩子

谁是爱劳动的好孩子？
蜘蛛说：我是，我是！
我是纺织的小能手，
日夜不停把网织。

谁是爱劳动的好孩子？
蚯蚓说：我是，我是！

我是松土的小专家，
劳作不息汗水滴。
谁是爱劳动的好孩子？
小朋友说：我是，我是！
我是妈妈的神助手，
洗碗扫地无人敌。

快乐的儿童节

"太阳当空照，花儿对我笑……"校园里回荡着欢乐的歌声与笑声。原来今天是"六一"国际儿童节。为了庆祝儿童节，学校正举办丰富多彩的游园活动，小朋友们都兴高采烈地准备参加自己喜欢的游戏项目。

喜欢运动的快捷键和乐天派来到了"运送乒乓球"游戏现场。快捷键是打乒乓球的高手，他一不贪快二不紧张，很快就轻松拿下了第一名。乐天派却没那么走运了，只见他瞪大了眼睛，死死盯着乒

啊呀，怎么又掉啦！

哈哈——乐天派，瞧你那个样子！

乓球，但乒乓球仍旧像个不听话的孩子，时不时地从球拍边上滚下来……乐天派那滑稽的样子把大家都逗笑了。

哈哈，又猜出一条。

答案不对，再猜猜吧。

什么？这一条我已经猜了6次了！

小蚊子把热带鱼拉到了猜谜语现场。面对花花绿绿字条上的谜语，小蚊子游刃有余，一条接一条，接连猜出了好几条。而热带鱼绞尽脑汁猜一条谜语猜了好几次，都没有猜到正确答案，可她并不灰心，还在继续琢磨……

　　欢乐的游园会结束了。大家带着自己在游园会上得到的奖品积分回到了班级。"快乐组合"两组成员获得的积分差不多，不分胜负。最后，他们决定用积分换回一块大蛋糕，与同学们一起分享。大家正吃着蛋糕，乐天派突然趁小蚊子不注意，往她的脸上抹了一大团奶油。顿时大家在教室里打起了"奶油仗"……欢声笑语中，大家度过了一个愉快、难忘的儿童节。

小链接：儿童节游戏大放松

小同学们，看了上篇的游园活动，你是不是心里也痒痒的，想参加呢？游园活动的游戏五花八门，给你们介绍几个，快来看看吧！

1.画鼻子

在黑板上画一张缺鼻子的脸，游戏者蒙上双眼，原地转五圈后，上去补画鼻子，画对位置者获胜。

2.夹珠子

在一个大桶内装满水，再往桶中放入许多玻璃珠。游戏者手拿一双筷子向桶中夹珠。在指定时间内（如1分钟），夹起指定个数（如15个）者获胜。

3.猜成语

在黑板上写几组成语，两组队员竞猜。每组两人，一人面对黑板根据自己对成语的理解比画动作或给出提示，另一人背对黑板猜。比画者提示过程中不能说出成语中的任何一个字，说出或误说都算犯规。猜中多的一方获胜。

小同学们，以上这三个游戏你可以找同伴们玩一玩，一定会很有趣的。

鸟宝宝成长记

暑假到了，快捷键邀请"快乐组合"的成员们到他的爷爷家去玩。快捷键的爷爷住在海边，正当大家站在阳台上欣赏美丽的海景时，细心的小蚊子发现阳台的角落有一个奇怪的东西。快捷键的爷爷告诉大家：那是一颗鸟蛋。

鸟蛋一定喜欢听这催眠曲！

快捷键长大了一定是个好爸爸。

"快乐组合"成员发了愁：该怎么处理这颗鸟蛋呢？最后，他们决定收留这颗鸟蛋，帮它孵出鸟来。于是快捷键和乐天派负责在阳台上搭一个鸟窝，热带鱼和小蚊子负责到外面捡些枯枝败叶回来。很快地，一个温暖的鸟窝做成了，他们小心翼翼地把鸟蛋放进窝里。

睡吧，睡吧，我亲爱的宝贝……

我都想睡了！

它全身都是灰色的，我们就叫它"小灰"吧！

"小灰"身体好软呀！

在"快乐组合"的精心照料下，鸟蛋健康成长着。终于有一天，一只灰色小鸟破壳而出。大家看了既惊讶又高兴。

我喜欢这个名字。

"小灰"好可爱呀，真想知道它长大了是什么样子。

为了让"小灰"有力气站起来，"快乐组合"拿来了好多吃的东西，有毛毛虫，有牛奶，有饭粒……在他们的细心照顾下，"小灰"终于能站立起来了，它一天天地长大了。

小鸟当然最喜欢吃虫啦！

快看，它最爱吃毛毛虫。

"小灰"快点吃，这样才能长大。

"小灰"吃东西的样子好可爱哦！

我想，"小灰"应该是海鸥吧！

"小灰"究竟是什么种类的鸟呢？

"小灰"不会是外星球来的小鸟吧？

去找科学老师问个明白吧！

在照顾"小灰"的同时，爱动脑筋的热带鱼想到了一个小问题："小灰"到底是什么种类的鸟呢？她的问题引起了大家的好奇心。小蚊子灵机一动，想到了一个解决疑问的好点子。

大家带上"小灰"的照片去找科学老师解答疑惑。科学老师告诉大家，"小灰"是一种叫作黑嘴端凤头燕鸥的鸟。这可是一种非常稀有的鸟呢！

知道了"小灰"的身份后，"快乐组合"更加细心照料它。"小灰"长得很快，不久就尝试着张开翅膀练习飞翔了。在为"小灰"的成长感到高兴的同时，"快乐组合"也在为如何更好地爱护这只稀有的鸟而伤透了脑筋。

把"小灰"当作宠物养吧，可不能让这么稀有的飞禽飞走了。

应该把它送进动物园，让叔叔阿姨们更好地保护它。

我还在考虑呢。

如果你们爱"小灰"，就让它回到大自然去吧。

我还是认为应该把"小灰"送到动物园去。

快捷键，你是怎么想的？

我错了。

可是我会想念"小灰"的。

有道理。

正当大家拿不定主意的时候，快捷键的爷爷走了过来。爷爷认为，应该把"小灰"送回大自然，还它自由。爷爷还说，放生"小灰"是爱"小灰"的一种表现，也是保护稀有野生飞禽的最好办法。大家听着爷爷的话，若有所思。

最后，大家决定把"小灰"放回大自然。这天，天空一片蔚蓝，"快乐组合"四人一起来到阳台，他们一同放飞了"小灰"。"小灰"张开翅膀，向远处的蓝天和大海飞去……

小链接：稀有鸟类小档案

小同学们，世界上除了黑嘴端凤头燕鸥，还有很多稀有珍贵的鸟类。我们一起来认识一下吧！

黑嘴端凤头燕鸥

"快乐组合"收养的"小灰"就属于这种鸟，它们像神仙一样珍稀，所以又叫作"神话之鸟"。

丹顶鹤

丹顶鹤是亚洲地区特有的鸟类，它们代表着吉祥、长寿。

灰胸绣眼鸟

这种看起来像"愤怒的小鸟"的稀有鸟类是不是非常可爱呀？

蓝金刚鹦鹉

它们是鹦鹉家族里个头最大的成员，还是聪明的"鸟类表演艺术家"。

公交车上

开学第一天，"快乐组合"又兴奋地聚在了一起。领了新书本之后，他们快快乐乐地一起搭乘公交车回家。公交车开得飞快，路边的景物就像放电影一样从车窗外地闪过。快捷键忽然兴奋地提议：比比谁在车上的平衡感最好。大家的兴致就如木炭扔进了火盆里，一下子被点燃了。

　　四个小伙伴争先恐后地来到公交车中间的站立区，各自找了个最佳位置，松开双手稳稳当当地站好，开始了这场刺激的比赛。突然，公交车来了一个大转弯，小蚊子脚下一滑，摔了个四脚朝天；乐天派摇摇晃晃，好似风中飞舞的落叶，东倒西歪；热带鱼"啊"的一声惊叫，撞向扶手……只有快捷键还站得好好的，他见状好生得意。

　　可就在此时，公交车突然一个紧急刹车，得意忘形的快捷键控制不住身子，不由自主地后退了几步，腿重重地撞到一张座椅的尖角上，一阵钻心的痛向他袭来。到站了，四个小伙伴就如残兵败将一般相互搀扶着，"唉哟，唉哟"地下了车。

　　妈妈看到快捷键一瘸一拐地走进家门，弄清事情的来龙去脉之后，立刻严肃地批评了他，要求他一定要吸取教训，下不为例。快捷键揉搓着磕痛的大腿，后悔莫及，连声地跟妈妈保证说今后再也不会如此任性，拿生命安全当儿戏了。

小链接：交通安全小贴士

同学们，交通安全可是不能掉以轻心的事情，不论行走还是坐车，都要时刻把安全放在心上，这样才能保护好自己，同时也免得让爸爸妈妈担心。快来看看下面关于交通安全的小贴士吧。

一、在道路上行走应该注意什么

1. 在道路上行走，要走人行道；没有人行道的道路，要靠道路右边行走；不要在道路上追逐嬉闹。

2. 穿越马路，要走斑马线，要注意"红灯停，绿灯行"；不要突然横穿马路，特别是马路对面有熟人或朋友呼唤时；不要翻越道路中央的安全护栏或隔离墩。

3. 要学会避让机动车辆，不与机动车辆争道抢行。

4. 在雾、雨、雪天，最好穿着色彩鲜艳的衣服，以便于机动车司机尽早发现目标，注意避让。

二、乘坐机动车应该注意什么

1. 乘坐公共汽车，要排队候车，按先后顺序上车，不要拥挤。上下车均应等车停稳以后，先下后上，不要争抢。

2. 不要把汽油、爆竹等易燃易爆的危险品带入车内。

3. 乘车时不要把头、手、胳膊伸出窗外，以免被对面来车或路边树木等刮伤；也不要向车窗外乱扔杂物，以免伤及他人。

4. 乘坐公共汽车时要坐稳扶好；没有座位站立时，要双脚自然分开，侧向站立，同时握紧扶手，以免车辆紧急刹车时摔倒受伤。

5. 乘坐小轿车、微型客车的，在前排乘坐时应系好安全带。

选举风波

　　新学期的班委选举安排在周三的班会课上进行。乐天派和前任班长热带鱼都不约而同地报名竞选班长。你瞧，乐天派正瞒着热带鱼偷偷请快捷键和小蚊子吃羊肉串，为自己拉票呢！

　　激动人心的班委选举终于开始了！投票前，先进行候选人演讲。热带鱼自信地走上讲台，总结了自己在上个学期中为班级所做的点点滴滴，并向大家真诚承诺，在未来的一个学期中，自己会扬长避短，继续做个好班长。接下来，乐天派和其他参选的同学也各自发表了竞选演讲……乐天派下台时，还偷偷向快捷键和小蚊子使了使眼色，可他们俩好像没有看见似的，这让乐天派心里很不安。

投票环节开始了。班主任林老师要求大家选出自己心目中的最佳班长。同学们都认为，热带鱼学习优秀、多才多艺，是老师的好助手，是班长的最佳人选。最后，热带鱼高票当选了新学期的班长。

大家想把票投给谁呢？

热带鱼工作认真负责，我选她！

我选热带鱼。她学习优秀，是我们的榜样！

我选热带鱼，我选热带鱼……

我们去吃一顿羊肉串来庆祝热带鱼当选吧！

乐天派，加油！

谢谢大家，我会努力的。

乐天派，我们一起努力，下学期咱们再一决雌雄！

落选的乐天派心里有些沮丧，但是他并没有责怪朋友们把票投给热带鱼。经过这次选举，乐天派明白了，耍小聪明拉票是搞歪门邪道，凡事都要讲究公平公正，有实力才是硬道理！

小链接：我适合做什么委员呢

同学们，你们的班级是不是也要开始进行班委选举了呢？你有没有想过自己要竞选什么委员呢？希望下面的委员指南能给你一些提示，快来看看吧！

班长：

班长的职责是帮助老师管理班级，组织班会课的活动，带领同学们参加学校组织的各项活动。如果你是一个大方、勇敢、乐于接受挑战的人，不妨试试竞选班长吧！

劳动委员：

劳动委员需要组织大家做好班级的卫生工作，给同学们分配不同的劳动任务并检查同学们的劳动成果。如果你是一个热爱劳动、能够吃苦耐劳的人，劳动委员的岗位很适合你哦！

宣传委员：

宣传委员要帮助班级出黑板报。如果你的字写得工整又漂亮，或者你擅长画画，那么就试试竞选宣传委员吧！

小组长：

小组长负责在每天早上收齐前一天老师布置的作业，这就需要小组长们比普通的同学更早一点到学校。如果你是一个热心的孩子，可以试试做一个小组长。

老师，您错怪我们了

"我都说了多少次了，包干区的树叶要扫干净！但今天呢？又被扣分了！"班主任又在批评快乐组合了。唉，身为队长的小蚊子，已不知道是第几次被老师找去训话了。快乐组合的每一个成员都感到很委屈……

那几棵大榕树长得很茂盛，每天落叶飘飘洒洒，扫之不尽，常常东边的落叶刚扫完，西边的落叶又如伞兵一般空投下来。无论他们清扫的速度有多快，还是赶不上落叶飘落的速度。

落叶这么多，根本扫不完啊！

我就不信扫不干净！

对呀，一定要尽全力才行。

如果扫不干净，我们班就得不到卫生小红旗了。

没办法，他们只能傻傻地在榕树下等候检查卫生的老师。有时，他们等得实在太无聊了，便会跑到草丛里，找一朵蒲公英，摘下来，凑到嘴边猛地一吹，那些白色的小绒毛便全都随风而去，不见踪影。于是他们就会痴痴地想，如果那些落叶也能这样用嘴一吹，便"灰飞烟灭"那该多好……

可是人算不如天算，那"不通人情"的落叶还是先于检查卫生的老师的脚步，抢先"着陆"，令他们前功尽弃。小蚊子也和班主任诉说过大家与落叶"顽强战斗"的辛酸历程，但班主任却批评道："没有扫不干净的落叶，只有不认真打扫的人。"批得大家一脸无奈，张口结舌……快乐组合真想跟老师说："老师，您真的错怪我们了！"

小链接：搭建和老师沟通的桥梁

　　小同学们，你们有没有像快乐组合一样因为老师的误解而烦恼呢？你们是不是也因为不知如何与老师更好地沟通而感到手足无措呢？不妨试试下面两种与老师沟通的方法，也许能帮助你解决与老师之间的小矛盾哦。

方法一：写信

　　写信能够帮助你说出你不好意思说的话，并且让你把想说的话表达得更充分。你还可以在信里加上俏皮的绘画与贴纸，以此舒缓严肃的气氛哦！

方法二：请爸爸妈妈出面

　　如果你仍然不好意思对老师说出自己的心事，也可以把心事告诉你的爸爸妈妈，请他们帮助你和老师进行沟通。

"乐总"的故事

　　乐天派开朗又大方，小伙伴们上课忘了带笔，都会向他借。他也总是乐意帮忙。有一天，他自己也忘了带笔，可是那些小伙伴又来向他借笔了。没有办法，他只好决定自己出去买几支笔。

笔买回来了，小伙伴们齐声欢呼，没一会儿，就把笔抢了个精光。唉，都是好朋友，乐天派毫无怨言。此后，乐天派干脆天天带着一个装满了笔的笔袋去上学，每次他一走进教室，小伙伴们就围了上来要借。

谢谢你，乐天派。

没事儿，助人为乐嘛！

老兄你太够意思了！

真大方呀！

一天下课时，乐天派正要去卫生间，只见小伙伴们一拥而上。乐天派急得大叫："我要去方便！"令他意外的是，这回大家每人手里都拿着笔，有铅笔、自动笔、圆珠笔……

怎么啦？

等等嘛，乐天派。

乐天派，请留步。

我们要给你一个惊喜。

　　小伙伴们把笔堆在乐天派手上，瞬间就堆成了一座"笔山"。原来，他们事前商量好了，今天要好好答谢一下乐天派平日的慷慨大方，还附赠了他一个"乐总"的雅号！从此，乐天派就拥有了这样一个绰号——"乐总"。有意思吧！

小链接：搭建和同学沟通的桥梁

小朋友们，你们是否有时会感到孤独寂寞？会为找不到知心好友而烦恼？你们是否渴望找到像快乐组合一样相互理解、互帮互助的好朋友？不妨试试下面几种与同学沟通的方法，也许它们能帮助你找到真挚的友谊哦。

一、要热情和主动。人际关系是互动的，不要消极地等待别人来主动关心自己，而要主动地与周围的同学交往沟通。交品德高尚的朋友，交志同道合的朋友。

二、要理解和宽容。每个人都有自己的气质和性格特点，对待问题也会有不同的见解，在与同学交往的过程中，如果能做到互相理解尊重、换位思考，大家的关系就容易融洽，也会减少不必要的摩擦。

三、要真诚和友善。人与人的交往，最重要的就是释放出真诚和善意，这也是做人的根本原则。口是心非、虚伪傲慢的人是难以交到朋友的。

游恐龙乐园

　　快放寒假了，乐天派、小蚊子、热带鱼正为如何度过一个既有趣又有意义的假期而烦恼呢。这时，快捷键手里举着一张活动方案，兴致勃勃地跑进教室。原来，他早就为大家准备了一个好去处——去世界第三大的恐龙园——常州恐龙乐园了解史前动物的生活足迹。小伙伴们一听，乐得一蹦三尺高。

一放假，小伙伴们就乘坐动车直奔常州而去。来到常州恐龙乐园的恐龙历险洞门口，一位服务员姐姐指导大家坐上了一艘小船。小船晃晃悠悠地进入了一个黑漆漆的山洞。四个小伙伴顿时感觉自己进入了一个时空隧道，什么也看不见，什么也摸不着。

　　过了一会儿，前方忽然射来一束亮光，刺得大家睁不开眼。等到可以张开眼睛时，小伙伴们赫然发现自己已经不费吹灰之力地来到了恐龙时代——三叠纪。只见四周是一片莽莽苍苍的丘陵，似乎一眼望不到头；身边各种稀奇古怪的花花草草晃得人眼花缭乱……

　　忽然，不知从何处传来"呜——"的一声怒吼。紧接着，令人瞠目结舌的情景出现了——一条硕大无比的霸王龙一步一步向他们逼近。它那壮硕的个头压迫得你不敢呼吸，而那有力的腿脚仿佛随时都可能把你踏扁。四个小伙伴吓得差点瘫倒在船上。不过，来势汹汹的霸王龙似乎并没有看到他们，它昂首阔步地趟过面前的这条小溪，扬长而去……

啊！剑龙……

啊……太刺激了！

还有三角龙……

虚惊一场之后，小伙伴们正在暗自庆幸，谁知，更加惊心动魄的场面出现了：几只黄背黑头的剑龙又朝他们疾奔而来，岸的另一边是一只面目狰狞的三角龙，它龇牙咧嘴，仿佛在说："这是我的地盘，赶紧滚开！"小伙伴们下意识地缩起了脖子。幸而此时小船转了个弯，将那些可怕的庞然大物统统甩在了后面。

这时，小船在湍急的溪流冲击之下，开始剧烈地晃动起来，与此同时，一头高大的梁龙摇摇晃晃地走到溪边来了，想躲已经来不及了。"啊——""哇——"……在一片此起彼伏的尖叫声中，小船擦着梁龙柔软的大腿冲过了这段险滩。真是有惊无险呀！

哈，有惊无险！

啊！梁龙……

哇呀……

不用害怕，梁龙是食草动物！

咦，前方为何烈焰滚滚、热浪滔天？火山爆发了！只见岩浆淌过的地方，树木燃烧，寸草不留。原来，小船载着大家进入了白垩纪末期，恐龙就要灭绝了。眼看骇人的岩浆就要把小船包围了……在大家魂飞魄散之际，小船灵巧地绕过了汹涌而来的岩浆，顺势而下。在四人回眸的那一瞬间，世界上最后一只恐龙被灼热的岩浆没过了头顶……

这一趟，真可谓"出生入死"呀！短短的十几分钟，让四个小伙伴身临其境地和史前恐龙亲密接触了一回。再回到阳光明媚的现实空间，大家感慨唏嘘：什么电视电脑，其实都是浮云……

小链接：认识恐龙

恐龙是生活在距今大约 2 亿 3500 万年至 6500 万年前的、部分能以后肢支撑身体直立行走的一类动物，它们支配全球陆地生态系统超过 1 亿 6000 万年之久。如今，恐龙已经灭绝，但是它们的后代——鸟类却存活下来，并繁衍至今。

霸王龙

梁龙

剑龙

三角龙

都是广告惹的祸

老师一直说快捷键的作文语言不够丰富生动，快捷键为此下了一番功夫，收集了许多成语，在上一周写的作文中他都用上了。他想这一回老师肯定会给他一个梦寐以求的"优"。这不，作文本刚一发下来，他就迫不及待地打开一看，却是一个大大的"不及格"。

　　快捷键满腹委屈地翻看着自己的作文本，只见"鸡不可失""骑乐无穷""信高采烈""玲珑踢透""默默无蚊"……这些被红笔圈出的词语和老师画下的一个个"面目狰狞"的大问号，正张牙舞爪地向他扑来，再一看老师的评语，"成语中的错别字太多……"快捷键愣住了：这些成语可都是我辛辛苦苦从报纸广告上收集来的，怎么可能会有错呢？他决定去找老师好好评评理。

第二天，快捷键拿着一大堆报纸找到语文老师，开始了"气壮山河"的"维权"行动。报纸上印着醒目的广告语："××牌摩托车，骑乐无穷""炸鸡腿大优惠——鸡不可失""信高采烈发E-mail""××牌足球——玲珑踢透的感觉""××电蚊香——默默无蚊的奉献"……

老师，这些成语都写在《××晚报》上，我没有抄错！

错了就是错了，不要狡辩！

呀，报纸上真的是这么写的！

这怎么可能？

这些都是商家有意篡改了的成语。

唉，这些商家太可恶了……

语文老师看了看报纸，哑然失笑："这些都是商家有意篡改了的成语，用在广告中宣传自己的产品，实际上这些成语不是这样写的。不信你可以去翻《成语词典》。"

什么？快捷键犹如冷不丁被灌了一大口冰镇雪碧——透心凉。

唉！都是广告惹的祸。

原来如此。

你上当了！

小链接：成语故事知多少

一天，宋国有一个农民正在田里耕地，周围有人在打猎。突然，有一只受惊的兔子窜出，不偏不倚，一头撞死在他田边的树根上。当天，他捡回兔子，美美地饱餐了一顿。

从此，他便不再种地。一天到晚都守着那神奇的树根，等着奇迹再次出现。

由这个故事生发而成的成语是：（   ）

齐宣王爱听吹竽，又好讲排场。他常常叫三百人一齐吹竽给他听。有个南郭先生，根本就不会吹竽，却想办法混进队伍，拿着竽装腔作势，从来不曾被人发现。

齐宣王死了，齐泯王接替王位。他和齐宣王不同，不喜欢听大家一起吹竽，而是喜欢听独奏。南郭先生听到这个消息，只好逃之夭夭了。

由这个故事生发而成的成语是：（   ）

一张百元假钞

　　周末到了，快捷键拿出 100 元压岁钱，约上"快乐组合"的好朋友们，一起去吃牛排。在牛排店，小伙伴们一边吃牛排，一边聊天，可开心了。付账时，快捷键将 100 元交给老板，谁知老板拿着钱边看边摸，最后竟断定这是一张假钞。热带鱼建议把假钞交给银行，快捷键听了不知该怎么办。

　　乐天派看见门外有许多小吃摊，生意红火，就在快捷键的耳边说了一句悄悄话，说完，他们一起向门外走去。原来，乐天派出了个馊主意，想找个小吃摊把假钞花掉。热带鱼和小蚊子不知道他们想要干什么，愣在原地。

他们来到一个小吃摊旁，快捷键随便点了一份，就把假钞递给摊主。摊主叔叔不但没有怀疑，还一边找钱一边善意地嘱咐："小朋友，钱最好放在前面的裤兜里，别弄丢了。"忽然，快捷键咬了咬嘴唇，果断地说："对不起，叔叔，我们不买了。"他拿过那张假钞，拉着乐天派离开了。

钱要放好，别弄丢了。

对不起，叔叔，我们不买了。

快捷键，你是好样的，果然没让我们失望！

用假钞是不对的。

快捷键，你是对的，我错了。

小伙伴们又聚在了一起。乐天派承认了错误，热带鱼和小蚊子都表扬快捷键做出了正确的选择。

小链接：人民币的使用与保护小常识

1. 携带人民币要使用钱包或钱夹，存放时要平铺整齐，不要乱折乱揉。

2. 不要将人民币与易污染和具有腐蚀性的物品放在一起，如水产品、鲜肉、洗涤剂等。

3. 不要在人民币上乱写乱画，不要故意损坏人民币。

4. 暂时不用的人民币要保管好，不要随意存放在墙缝、地洞中或埋在土里，以防止发生霉烂或被虫侵鼠咬。

5. 对破损、残缺的人民币，应当及时拿到银行去兑换。

6. 不要伪造、使用假币，如发现假币，应当及时送交银行处理。

扶不扶

　　周末，"快乐组合"约好一起去公园玩。快到公园门口时，他们远远看见一群人围聚在一起，上前一看，原来是一位老人摔倒在地，动弹不得。可是围观的人却没有一个上前扶她。

　　这时，倒在地上的老人仿佛猜到了大家的心思，痛苦地求救道："谁来扶我一把，我绝对不会讹人的。"围观的路人议论纷纷，却还是没有一个人上前扶。看着老人真诚而无助的模样，小蚊子实在有些不忍，咬咬牙，打算去扶老人一把。但快捷键一把拉住了她，劝她三思而后行。

这时，热带鱼灵机一动，掏出手机说："我打110报警，请警察叔叔来帮忙如何？"乐天派拍手称好："我听妈妈说过，摔倒的老人万一发生骨折，也是不能随便挪动身体的，不然会造成更大的伤害。"快捷键和小蚊子一听也觉得可行。

110警车三分钟就到达了现场。警察叔叔称赞"快乐组合"说："老奶奶身体没有大碍，只是有些擦伤而已。你们做得很好，真是聪明的孩子。"

小链接：做个聪明的好心人

1. 遇到老人摔倒在大街上，在不明老人伤势的情况下，不要随便上前移动或扶起老人，而应该拨打 110 电话，请警察叔叔来帮助老人。

2. 遇到有人在江河湖海里落水，不要下水救人，而应该及时大声呼救，引起周围过路的大人们的注意，请他们帮忙。

3. 遇到山火或者森林火灾，不要一个人进入火海灭火，而应该及时报警，请有技术安全装备的专业人员来灭火。

4. 遇到有人触电，不要用双手或身体的任何一个部位接触触电者，而应该及时切断电源，用干木棒将电线与触电者隔断。

一张废纸片

下午上课时，乐天派无意间在座位下发现了一张废纸片，脏兮兮的，显然是被很多人踩过了。呀，这么脏，别说是捡它，就是看它一眼都觉得恶心。"谁这么不讲卫生！"同桌快捷键忍不住埋怨起来。乐天派灵机一动，神不知鬼不觉地将它踢到了前桌脚下，然后装作没事一样继续听课。

　　一节课很快过去了，下一节是自习课，快捷键和乐天派正埋头做作业呢，忽然听见前面传来一阵骚动，抬头一瞧，只见前桌一脚将那张脏纸片踢到了过道上，他一边踢，嘴里还一边说着什么。不知怎的，快捷键的心竟紧张了起来，仿佛前桌正在骂自己和乐天派。

这时，班主任林老师走进教室。快捷键一边偷瞄林老师，一边小声对乐天派说："林老师会不会认为纸片是我们俩扔的？她会不会因为我们视而不见，而罚我们俩做值日生呀？"乐天派斜了快捷键一眼，嘴上虽然没有说话，可是心里已经在后悔刚才那一脚了。

林老师快要走到那张纸片旁了，这时，只见坐在过道另一边的小蚊子自然地弯下腰，若无其事地将纸片捡起来，走到垃圾桶旁扔了进去。热带鱼向小蚊子竖起了大拇指。乐天派和快捷键低下了头，脸红了。

林老师看到了，露出了欣慰的笑容。

小链接："文明人"小测试

（1）你平时说脏话吗？
A. 不说　　B. 很少说　　C. 常说

（2）升国旗时，你能敬礼肃穆，行注目礼吗？
A. 能　　B. 有时　　C. 不能

（3）进老师的办公室，你是先敲门再喊报告吗？
A. 是　　B. 有时　　C. 不

（4）你在家经常做一些力所能及的小事，比如洗碗、叠被子？
A. 是　　B. 有时　　C. 不

（5）瞻仰烈士陵园时，你能保持肃穆吗？
A. 能　　B. 一会儿　　C. 不能

（6）离开宿舍时，你会关好门窗，熄灯后再走人吗？
A. 会　　B. 有时　　C. 不会

（7）在公共场所购票时，你能按顺序排队吗？
A. 能　　B. 有时　　C. 不能

（8）你能按时独立完成作业，不抄袭别人作业吗？
A. 能　　B. 有时　　C. 不能

（9）在学校或在街上遇见外国人，你会好奇地盯着他们看，对他们指手画脚吗？
A. 不会　　B. 有时　　C. 常会

（10）如有同学生病了，你会主动帮助他到医务室看病吗？
A. 会　　B. 有时　　C. 不会

说明：选择"A"得 3 分，选择"B"得 2 分，选择"C"得 1 分。

分数为 30-24 分：你是个讲文明、懂礼貌的人。与父母、老师、同学相处融洽，是个受欢迎的人，赞一个！

分数为 22-16 分：一般情况下，你是个文明的人，但有时可能没有认真对待一些事情，特别是一些小事，以后要适当注意哦。

分数为 14-10 分：许多情况下，你是个不文明的人，以后一定要改正哦。

三坊七巷一日游

放暑假了，小蚊子的表姐从外地到福州度假。小蚊子跟小伙伴们商量好了，今天要陪表姐去福州著名景区——三坊七巷好好逛逛。三坊七巷位于福州市中心城区"东街口"，是国内现存规模较大、保护较为完整的古建筑历史文化街区，有"中国城市里坊制度活化石"和"中国明清建筑博物馆"的美称。

　　小蚊子滔滔不绝地当起了解说员："三坊是衣锦坊、文儒坊、光禄坊；七巷是杨桥巷、郎官巷、塔巷、黄巷、安民巷、宫巷、吉庇巷……"

　　"现在吉庇巷、杨桥巷和光禄坊已经改建为马路了。"热带鱼补了一句。

　　看着街口高大的石牌坊上"南后街"三个大字，表姐迫不及待地走了进去。

大家徐步来到了"林觉民、冰心故居"。这里是辛亥革命黄花岗起义烈士林觉民和著名女作家冰心曾经居住过的地方，宅院幽静，草木葱茏，令人顿生敬意。

　　小伙伴们来到了第一坊——衣锦坊。小蚊子说："因为这里曾经走出很多达官贵人，他们衣锦还乡之后就隐居于此，所以就叫'衣锦坊'了。"

　　大家穿院过槛来到了一座古色古香的木结构单层平台前面，台上鼓乐齐鸣，正上演新编的闽剧。热带鱼抢着介绍说："这就是著名的私家戏台——'水榭戏台'。"

在这里听戏，水清、风清、音清。

这是福州唯一现存的水榭戏台。

还有更加精致的二梅书屋、小黄楼呢……

真是赏心悦目呀！

听说陈宝琛家族五代都是进士呢。

我要是住在这里，是不是也会成为博士呀！

大门上面那个"六子科甲"的匾额，据说就是清朝皇帝赏赐的。

文儒坊是"三坊"中的第二坊，因为历代文儒辈出而得名。明代抗倭名将张经、清代名将台湾总兵甘国宝、清宣统皇帝的老师陈宝琛等都曾居住在这里。乐天派兴致勃勃地说："你们知道吗？三坊七巷可是藏龙卧虎之地呀。这里居住过很多名人。"

走出文儒坊，大家边走边聊，不知不觉来到了南后街主街道上。街上好不热闹："米家船"裱褙店重新装修营业，老字号已经旧貌换新颜；"同利"肉燕店门口排起了长队，大家都在等着一饱口福；隔壁工艺品店的柜台上摆放着制作精美的木版画和闪烁着荧光的牛角梳……

啊，我要买一把牛角梳！

我要一包"鼎鼎"肉松！

我要带一幅软木画回去做纪念。

不知不觉，大家逛得有些累了，肚子也饿得"咕咕"直叫。快捷键眼尖，伸手向前一指说："快看，前面就是'永和'鱼丸店，咱们进去填填肚子吧。"大家进店吃了起来，一粒接一粒，大家的肚子转眼也变成了一个个圆溜溜的"大鱼丸"了。

夕阳西下，三坊七巷映照在一片金色的霞光之中。大家回望南后街，马鞍墙静默、琉璃瓦无声、青石板默默送别着游人……表姐意犹未尽地说："三坊七巷真是名不虚传，历史悠久，人杰地灵！"小蚊子也动情地说："欢迎表姐以后再来游玩。"

小链接：认识三坊七巷

三坊七巷是国家 5A 级风景名胜区，是福州的历史之源、文化之根，自晋、唐形成起，便是贵族和士大夫的聚居地，清至民国走向辉煌。区域内现存古民居约 270 座，有 159 处被列入保护建筑，被国务院公布为全国重点文物保护单位。

马鞍墙、琉璃瓦

永和鱼丸店

南后街

水榭戏台

陈承裘故居

林觉民、冰心故居

玩滑滑梯的发现

经过一个漫长的暑假，终于开学了，"快乐组合"的小伙伴们又高高兴兴地聚在了一起。放学后，他们一起到学校操场上玩滑滑梯，他们一会儿两人抱成一团滑下去，一会儿一个接一个地滑下去，玩得不亦乐乎。

　　夕阳西下，大家才恋恋不舍地从滑滑梯上下来，你看看我，我看看你，不约而同地瞪大眼睛开怀大笑起来。原来他们每个人的头发都竖了起来，像刺猬一样。

快捷键回到家，妈妈看到他那古怪的发型，哈哈大笑起来。快捷键不好意思地挠挠头，把玩滑滑梯的过程说了一遍。妈妈走进房间，拿出一本《知识百科》对他说："你们遇到的这种现象呀，叫静电。你们的头发会竖起来，是因为衣服和滑滑梯产生摩擦，摩擦生电，电流传入头发而引起的。""可是我们当时都没有触电的感觉呀？"妈妈微笑着说："傻孩子，在电流不大的情况下，静电是不会对人体造成伤害的。"

"你看。"妈妈拔下几根头发放在桌面上，随手拿起一把尺子，在衣服上来回摩擦，然后轻轻往头发上一贴，桌子上的头发立刻被吸到了尺子上。快捷键看得目瞪口呆。妈妈又说："这也是同样的原理。"

小链接：身边的科学

1.刚煮熟的热鸡蛋过冷水后特别容易剥壳，利用的是热胀冷缩的原理。因为热鸡蛋被冷水浇淋后会发生收缩，蛋身和蛋壳之间就产生了缝隙，这样壳就容易剥了。

2.扳子、钳子、剪子可以帮助我们很方便地完成各种手工任务，利用的是杠杆原理，既便捷又省力。

3.冬天手脚冰冷的时候，我们会不自觉地搓手搓脚，搓一会儿就会觉得不那么冷了，这是运用了摩擦生热的原理。

4.用高压锅做饭、炖肉，会感觉做出来的食物特别香，特别烂，这是因为气压越高，食物就越容易煮透。

5.天热的时候扇扇子，是利用了空气流动速度越快、水的蒸发速度就越快的道理，汗水的蒸发会带走身体的大量热量，我们自然就会感到凉快多了。

九月九说重阳

一天，乐天派愁云满面地趴在书桌上。热带鱼上前一问，才知道原来乐天派正在为完成重阳节黑板报的任务发愁。大家听说以后，决定一起帮帮不知所措的乐天派。

说干就干，四人一起来到了图书馆，有的翻报纸，有的查书籍，有的上电脑查找资料，忙得不亦乐乎。

登高、佩茱萸、赏菊花、吃重阳糕……

让我们来一起看看有什么习俗？

长长久久，真是好日子！

"遥知兄弟登高处，遍插茱萸少一人。"

通过查找资料，大家知道了重阳节的来历。因为"九"与"久"谐音，所以古代人们认为九月九日是一个"长长久久"的好日子，就把这一天当作节日来庆祝。此外，快乐组合还了解了不少有关重阳节的习俗呢。

快乐组合还发现，重阳节在现代有了新的含义。现在，重阳节又叫作"敬老节"，人们在这一天要阖家团聚恭祝长辈身体健康。了解了这么多关于重阳节的知识，乐天派对做好重阳节的黑板报充满了信心。

我现在对完成黑板报的任务充满了信心！

到时我们一起画黑板报吧。

加油！

我们一定能够出好这期重阳节黑板报！

小链接：阴历和阳历

小朋友们，你们是不是也像乐天派一样不太了解阴历（农历）和阳历（公历）的差别？阴历和阳历，虽然都是用来计算日期的，但差异却很大。

阴历是古代人使用的年历，我们常说的正月十五元宵节、八月十五中秋节都是按照阴历来计算的。

阳历是现代人使用的新年历，小朋友们的生日常常都是根据阳历来计算的。

一般来说，阳历比阴历的日期早一个月左右，比如 2016 年的重阳节阴历九月九日，对应的阳历则是十月九日。

小朋友们可以翻开日历找找自己 2016 年的阳历生日是阴历的哪一天，再找找 2016 年的元宵节、中秋节分别是阳历的哪一天。

一	二	三	四	五	六	日
26 廿六	27 廿七	28 廿八	29 廿九	30 三十	休 1 国庆节	休 2 初二
休 3 初三	休 4 初四	休 5 初五	休 6 初六	休 7 初七	班 8 寒露	班 9 重阳节
10 初十	11 十一	12 十二	13 十三	14 十四	15 十五	16 十六
17 十七	18 十八	19 十九	20 二十	21 廿一	22 廿二	23 霜降
24 廿四	25 廿五	26 廿六	27 廿七	28 廿八	29 廿九	30 三十
31 寒衣节	1 初二	2 初三	3 初四	4 初五	5 初六	6 初七

葡萄干蹦蹦蹦

科学课上，陈老师取出一瓶柠檬汽水，神秘兮兮地对同学们说："今天我给大家表演个魔术，叫作'葡萄干，蹦蹦蹦'。"说完，他将柠檬汽水倒进一个玻璃杯里，然后掏出几个葡萄干扔了进去，只见葡萄干立刻沉到了瓶子底部。紧接着，他又一扬手，从空中抓了一把什么似的，扔进瓶子里，然后得意扬扬地说："现在就是见证奇迹的时刻。"

陈老师敲了敲玻璃瓶的瓶身，发出了一声指令："上！"同学们诧异地看见原本沉在瓶子底部的葡萄干居然"蹦"上来了。陈老师再敲一敲瓶身，又发出了一声指令："下！"那刚刚浮起的几颗葡萄干竟然像听话的孩子，又乖乖地沉了下去。

真是太神奇啦！

我也要试试！

老师，这是怎么回事？

我来仔细观察。

大家顿时兴奋起来，纷纷要求陈老师揭开谜底。这时，陈老师却卖起了关子："你们自己试试就知道了。"于是，快捷键和乐天派也上前动起手来，发现葡萄干被扔进汽水瓶中后，汽水中的许多气泡立刻聚拢上来，争先恐后地"抬"着它们浮上水面。不一会儿，小气泡消失了，葡萄干就掉回到瓶底了。

最后，陈老师揭开了奥秘。原来，汽水里面充满了二氧化碳，这些二氧化碳形成的气泡达到一定数量时，就会纷纷挤到水面上来，葡萄干就是被这些二氧化碳气泡裹着上升的。等气泡们破了，葡萄干自然就回到瓶底了。

哈哈，原来是这么回事呀！

魔术离不开科学。

科学无处不在。

我们要认真学习科学。

小链接：多喝碳酸饮料的害处

同学们，你们平时是不是爱喝可乐、雪碧等碳酸饮料呀？碳酸饮料虽然好喝，可喝多了，却会对人体健康造成不好的影响。

1. 影响食欲。不管哪种口味的碳酸饮料，其中含有的二氧化碳都会刺激你的胃，喝得太多会导致食欲不振。

2. 导致肥胖并损坏牙齿。碳酸饮料中过多的糖分会被人体吸收，长期饮用会引起肥胖。更重要的是，糖分还会影响牙齿的发育。

3. 导致早发骨质疏松。常喝碳酸饮料，会减少骨骼对钙的吸收，成年后会提前发生骨质疏松的情况。

拒绝垃圾食品

乐天派特别爱吃零食，不但花光了自己的零花钱，还找别人借钱。快捷键常常劝他不要再吃那些没有营养的垃圾食品，可是乐天派根本听不进去。

下午放学的时候，快捷键、小蚊子和热带鱼刚走到小卖部旁边，乐天派又跑过来向他们借钱。他们三个就故意不借钱给他，乐天派生气地说："我又不是借钱不还，你们这么小气，还是不是好朋友？"

我们不会再借钱给你了。

快捷键说得对！

我们要向老师报告。

快捷键和热带鱼、小蚊子商量后，严肃地对乐天派说："如果你再不改，我们是肯定不会借钱给你的，不但如此，我们还要向老师报告这件事呢。"遭到好朋友如此严厉的拒绝，乐天派怔怔地看着他们三个。

热带鱼、小蚊子、快捷键见乐天派还是不听劝说，就决定一起去图书馆搜集资料，让乐天派了解垃圾食品对人体的危害。第二天，他们三个把搜集的资料拿给乐天派看。乐天派看完以后，认真思考了一会儿，终于决定不再买垃圾食品吃了。

我以后再也不买垃圾食品吃了。

这是我们昨天搜集的资料。

你快来看看。

垃圾食品的危害真多。

小链接：垃圾食品知多少

　　垃圾食品是指仅能提供一些热量、别无其他营养的食物，或是提供超过人体需要、变成多余成分的食品。垃圾食品吃多了轻则肥胖、虚弱，重则营养不良、影响身体发育，所以同学们一定要注意少吃或不吃垃圾食品。

　　垃圾食品包括：油炸类食品、腌制类食品、加工类肉食品（肉干、肉松、香肠、火腿等）、饼干类食品（包括所有加工饼干）、汽水可乐类饮料、方便类食品（主要指方便面和膨化食品）、罐头类食品（包括鱼肉类和水果类）、话梅蜜饯果脯类食品、冷冻甜品类食品（冰淇淋、冰棒、雪糕等）和烧烤类食品等。

含奶油，极易引起肥胖

含磷酸，会带走体内大量钙

盐分高，含防腐剂、香精

破坏维生素，使蛋白质变性

使用香精和色素过多

含致癌物